I0173940

LE ROI

rouge

ET

LE FERMIER.

COMEDIE

EN TROIS ACTES.

Mêlée de morceaux de Musique.

Représentée pour la première fois par les Comédiens Italiens ordinaires du Roi, le Lundi 22 Novembre 1762.

Par M. SEDAINE.

La Musique de M. de M * * *

Le prix est de 24 sols.

Les Airs détachés 36 sols : ils se vendent séparément.

A PARIS,

Chez CLAUDE HERISSANT, Imprimeur-Libraire, rue Neuve Notre-Dame, à la Croix d'or.

M. DCC. LXII.

Avec Approbation & Privilège du Roi.

La Partition générale se trouvera chez le même Libraire & chez les Marchands de Musique.

Th

69

AVERTISSEMENT
DE L'AUTEUR.

L'*Auteur d'une Piéce croit qu'on a les yeux sur lui comme il les a sur lui-même, voilà l'origine de la plûpart des Avertissemens : le Public ne les lit pas : on s'en moque, cependant ils préparent l'Histoire d'une Piéce, & les Alma-nachs s'en enrichissent : n'y verrois-je que cela, j'en mettrois un à la tête de celle-ci.*

Jamais bon ou mauvais Ouvrage n'a eu tant de peine que celui-ci à paroître au Théâtre : il avoit en lui-même sa premiére difficulté ; il falloit que je trouvasse un grand Artiste, un Musicien habile, qui voulût bien avoir un peu de confiance en moi : enfin un ami qui voulût bien risquer un genre nouveau en musique ; & quelques rares que soient les Poëtes en ce nou-veau genre, les Musiciens le sont encore plus.

Cette Piéce est tirée du Théâtre Anglois, ou plutôt d'une ancienne Histoire qui n'a guéres pour elle que la tradition. Charle-quint ou Hen-ri IV. (dit la Tradition) s'égara la nuit dans une forêt, au retour d'une chasse : il entra chez un Bucheron ; & là il vit peut-être pour la premiére fois ce qu'est un homme vis-à-vis d'un autre homme dépouillé par son ignorance du profond respect qu'il doit avoir pour son Roi.

Jamais Scène au Théâtre n'a ouvert à tout Poëte une plus vaste carriére, un moyen plus simple pour faire entendre des vérités utiles sans

AVERTISSEMENT.

manquer à la vénération profonde dont il doit être pénétré.

Entraîné par la Scène & par le lieu où elle se passe, & par l'Original Anglois qui m'a beaucoup servi; j'avois fait dire à mon Fermier des vérités de toutes les Cours, & de tous les temps : mais quelques personnes animées de ce zèle que j'aurois eu peut-être moi-même à leur place, ont crû voir des duretés, ils ont fait changer cette Scène, & elle est représentée telle qu'elle a été changée.

Cependant comme j'ai sujet de craindre que quelques personnes indiscrètes ou mal intentionnées ne prennent de là occasion de m'accuser d'avoir voulu mettre sur le Théâtre des propos téméraires, propos qui me rendroient coupable à mes propres yeux dès l'instant qu'ils le paroitroient, je désire que cette Scène soit sous les yeux du Public telle que je l'avois faite, j'espere qu'on n'y verra que ce qu'un Fermier Anglois irrité contre un Courtisan injuste auroit pu dire en pareille circonstance : je me fiois à l'illusion du Théâtre, à l'intérêt de la Scène. Que de Vers & que de maximes seroient des horreurs, si on les détachoit du cadre pour lequel ils sont faits !

J'ai, suivant ma coutume, fait mettre dans l'Impression le jeu des Acteurs. Les Acteurs de Province sont loin de tout conseil, & peuvent en avoir besoin.

PERSONNAGES.	Noms des Acteurs.
LE ROI.	M. Clairval.
LUREWEL.	M. Le Jeune.
UN COURTISAN.	M. St Aubert.
RICHARD , Fermier, Inspecteur des Gardes-chasse , & Amant de Jenny.	M. Caillot.
LA MERE de Richard.	Mlle Deschamps.
BETSY , sœur de Richard.	Mlle Collet.
JENNY , niéce de la Mere, & Amoureuse de Richard.	Mlle La Ruette.
RUSTAUT. ⎫ Gardes- CHARLOT. ⎬ Chasse. MIRAUT. ⎭	⎧ M. La Ruette. ⎨ M. Desbrosses. ⎩ M. De Hesse.

La Scène est en Angleterre.

Les premier & second Actes sont dans une Forêt; & le troisiéme est dans la Maison du Fermier.

APPROBATION.

J'Ai lû, par ordre de Monseigneur le Chancelier, Le Roi & le Fermier, Comédie; & je crois qu'on peut en permettre l'impression. A Paris, ce 19 Novembre 1762. MARIN.

THEATRE.
COMEDIE ITALIENNE.

De M. SEDAINE.

Le Roi & le Fermier, Comédie en trois Actes, représenté en Novembre 1762.   .   1 liv. 4 f.
Les Airs gravés. . . . . 1 liv. 16 f.
La Partition générale. . . . .
Le Jardinier & son Seigneur, Opera-Comique en un Acte, avec les Airs gravés & le Vaudeville . . . 1 liv. 4 f.
L'Huître & les Plaideurs, ou *le Tribunal de la Chicane*, Opera-Comique en un Acte, mêlé de morceaux de Musique & de Vaudevilles. La Musique des Ariettes & du Vaudeville s'y trouve gravée. . . . . . . 18 sols.
Les Ariettes gravées . . . . 12 f.
On ne s'avise jamais de tout, Opera-Comique, avec Ariettes gravées & Vaudeville . . . 1 liv. 4 sols.

De M. ANSEAUME.

Mazet, Comédie en deux Actes, mêlée d'Ariettes, ... 1 liv. 4 f.
L'Isle des Foux, Comédie en deux Actes, mêlé d'Ariettes, ... 1 liv. 4 f.

De M. QUÉTANT.

Le Maréchal ferrant, avec les Airs gravés...1 l. 4 f.

De M. DELAUTEL.

Le Forgeron, Opera bouffon, Parodie du Maréchal. 1 l. 4 f.
Finfin & Lirette. . . . . 15 sols.

De M. TACONET.

Le Bouquet de Louison, ou *la Sérénade de Village.* . . . . 1 liv. 4 sols.
Le Juge d'Anieres. . . . . . . 15 sols.
L'impromptu du jour de l'An. . . . 15 sols.

Par l'Auteur ambulant.

Mémoire d'un Frivolite, en deux parties. . . 1 l. 4 f.

Le Chansonnier Français, ou *Recueil de Chansons, Vaudevilles & autres Couplets choisis*, avec les *Airs notés à la fin de chaque Recueil*, (in-12.)

LE ROI
ET
LE FERMIER.

ACTE PREMIER.

SCENE PREMIERE.

Le Théâtre repréfente une Forêt ; des arbres plantés çà & là fur le Théâtre, & fans ordre.

RICHARD.

ARIETTE.

JE ne fçais à quoi me réfoudre,
Je ne fçais où porter mes pas ;
Ce malheur eft un coup de foudre
Pour moi pire que le répas ;

A

LE ROI

Par-tout où je fixe ma vuë,
En proye au chagrin qui me tue,
Je fens que mon ame éperdue
Veut choifir, & ne le peut pas.

Je ne fçais à quoi me réfoudre,
Je ne fçais où porter mes pas;
Ce malheur eft un coup de foudre
Pour moi pire que le trépas.

Si j'allois.... non.... doute cruel!
Quoi douter?.... Je n'ai plus de doute,
Je fens trop ce qu'il m'en coute.
Oui, je veux à l'inftant.... O ciel!

Je ne fçais à quoi me réfoudre,
Je ne fçais où porter mes pas;
Ce malheur eft un coup de foudre
Pour moi pire que le trépas.

(*Pendant la fin de cette Ariette, trois
Gardes-chaffe arrivent; ils portent
des fufils pour leBois, à deux coups;
ils font en habit uniforme, à l'excep-
tion de Richard qui a quelque chofe
de diftingué.*)

SCENE II.

RICHARD & *les trois Gardes.*

RICHARD *brufquement.*

QUelle heure eft-il ?

RUSTAUT.

Il eft fix heures.

RICHARD.

Le Roi eft-il encore à la chaffe ?

MIRAUT.

Je n'en fçai rien.

RICHARD.

Ce n'eft pas à toi à qui je parle, c'eft à lui :
pourquoi réponds-tu pour lui ?

MIRAUT.

Hé ! mais je n'ai pas.....

RICHARD.

Tais-toi , qu'on ne me mette, qu'on ne me
mette morbleu pas en colére , je n'y fuis déja que
trop difpofé.

RUSTAUT.

Parbleu ,, tu es bien brufque aujourd'hui.

RICHARD.

J'en ai fujet ; laiffe-moi en repos. Toi, as-tu vû
le Roi ?

RUSTAUT.

Non.

RICHARD.

Et toi ?

A ij

LE ROI

CHARLOT.

Non.

RICHARD.

Et toi, Miraut?

MIRAUT.

Oui; il eſt du côté de la montagne, ſur le grand chemin de Londres.

RICHARD.

Comment eſt-il mis?

MIRAUT.

Je n'y ai pas pris garde.

RICHARD.

Du vivant de mon pere, chaſſoit-il ſouvent de ces côtés-ci?

RUSTAUT.

Oui, quelquefois.

RICHARD.

Je voudrois bien le voir.

RUSTAUT.

C'eſt vrai, tu ne l'a pas encore vu?

RICHARD.

Il chaſſe bien tard; le vent s'éleve du côté de Mansfield, il pourroit être pris par l'orage.

RUSTAUT.

Et par la nuit.

SCENE III.

Les Acteurs précédens. BETSY.

RICHARD.

ECoutez, vous autres.

BETSY.

Mon frere, mon frere.

RICHARD.

Que viens-tu faire ici ? Vas-t-en.

BETSY, *en pleurant.*

Il ne m'a jamais traitée comme cela.

RICHARD.

Petite Sotte. Ecoutez, vous autres : les Braconniers se serviront de l'occasion de la chasse pour roder cette nuit dans la Forêt. Soyons fideles comme un Chef de meute, & durs comme ces chênes. Toi, Ruftaut, tu iras à la Croix-Parée. Toi, Miraut, du côté de Darbi. Toi, Charlot, fur les Roches. S'il faut du fecours, un coup de fiflet ; vous les amenerez chez moi : liez-les, s'ils réfiftent.

SCENE IV.

RICHARD, RUSTAUT.

RUSTAUT.

A Qui diable en as-tu, toi qui est la gaieté même, toi qui as toujours le verre à la main, la chanson à la bouche, & la joie au front? Tu n'as parlé d'aujourd'hui que pour nous brusquer.

RICHARD.

J'en ai sujet.

RUSTAUT.

Comment, morbleu, sujet? Te voilà par la mort de ton pere, qui t'a fait étudier, qui t'a fait voyager, qui, Dieu merci, t'a fait élever comme un Milord : te voilà à la tête d'une bonne Ferme, te voilà Inspecteur des Chasses de la Forêt de Chéroud, te voilà aimé de la belle Jenny, prêt de l'épouser, que te faut-il donc ? Etre Roi ? Etre . . . . .

RICHARD *lui serrant le bras.*

Ah ! Rustaut, je voudrois que le plus scélérat de nos Milords fût pendu ; ce seroit Lurewel.

RUSTAUT.

Qui ? ce Milord qui demeure . . . . .

RICHARD.

Ce Colifichet doré, qui de ses voyages n'a rapporté en Angleterre que des vices & des ridicules . . . . Ah ! Jenny !

RUSTAUT.

Quoi ! Jenny ?

RICHARD.

Hé bien, Jenny, il l'a enlevée, féduite, trompée ; que fçais-je ? Que je fuis malheureux ! je me vengerai.

RUSTAUT.

ARIETTE.

Ami, laiffe-là la tendreffe ,
Elle ne donne que du chagrin ;
Une pinte de vin
Vaut mieux qu'une maîtreffe.

Etre fans ceffe à defirer,
A foupirer ,
Craindre, trembler ,
N'ofer parler,
Au moindre mot
Faire le fot ;
Fi, fi, fi.
Ami,
Laiffe-là la tendreffe, &c.

RICHARD.

Finiras-tu ? Laiffe-moi en repos : ai-je befoin de tes confeils ? Vas où je t'ai dit, morbleu.

RUSTAUT.

Diable, c'eft férieux.

SCENE V.

RICHARD.

Ariette.

D'Elle-même
Et fans effort
Elle va chez ce Milord.
Dieux ! fe peut-il que je l'aime,
Se peut-il que je l'aime encor ?

Quoi ! ma Jenny fi douce, fi timide,
Quoi ! ma Jenny pourroit être perfide !
Non, je ne le croirai jamais . . . .
Mais . . . . mais . . . .
D'elle-même
Et fans effort
Elle va chez ce Milord.
Dieux ! fe peut-il que je l'aime,
Se peut-il que je l'aime encor ?

Hier en me ferrant la main,
Elle me dit : Richard, demain
Nous nous verrons au point du jour ;
Que n'en puis-je hâter le retour ?
Non, non, je ne croirai jamais . . . .
Mais . . . . mais . . . .

D'elle-même

D'elle-même
Et fans effort
Elle va chez ce Milord.
Dieux ! fe peut-il que je l'aime,
Se peut-il que je l'aime encor ?

(Pendant le cours de cette Ariette, Betfy paroît dans le fond du Théâtre avec Jenny.)

S C E N E I V.

BETSY, RICHARD.

BETSY *avec timidité.*

MOn frere, mon frere ?

RICHARD.

Hé bien ! me laifferas - tu en repos ? que me veux-tu ?

BETSY *pleurant.*

Je venois pour vous dire que Jenny . . . .

RICHARD.

Hé bien, Jenny ? hé bien, Jenny ?

DUO.

BETSY.	RICHARD.
Non, non, vous ne m'avez jamais,	Betsy, Betsy,
Jamais, jamais traitée ainsi, hi, hi ;	Faisons la paix :
Ce n'est que pour vous que je vais,	Betsy, Betsy,
Que je viens, que j'accours ici, hi, hi ;	Hé bien! que dis-tu de Jenny?
Encore devant vos Gardes	Tu prens garde à nos Gardes ?
Vous me traitez, vous me traitez ainsi.	Tais-toi, Betsy, faisons la paix.
Hé bien,	Enfin
Jenny!	Jenny,
Hé bien,	Enfin
Jenny!	Jenny.
Vous sçautez que Jenny….	Je sçaurai que Jenny…
	Non, non, jamais, jamais Betsy,
	Je ne veux te parler ainsi.
	Hé ! mais finis ;
Non, non, vous ne m'avez jamais,	Hé ! pourquoi me dire, je vais ?
Jamais, jamais traitée ainsi, hi, hi ;	Oui, pour moi seul tu viens ici.
Ce n'est que pour vous que je vais,	Hé ! mais finis.
	Ah ! qu'elle m'impatiente !
Que je viens, que j'accours ici, hi, hi ;	Ah ! qu'elle me tourmente !
Non, non, vous ne m'avez jamais,	Non, non, jamais, jamais, Betsy,
Jamais, jamais traitée ainsi.	Je ne veux te parler ainsi.

(Pendant la fin de ce Duo, Jenny
s'approche en hésitant.)

BETSY.

Hé bien, Jenny est revenue.

RICHARD.

Revenue ?

B E T S Y.

Oui, & elle eſt là.

(*Il fait un pas pour y aller.*
Betſy l'arrête.)

B E T S Y.

Ah ! mon frere, ah ! mon frere ! elle vous demande en grace que vous ne lui faſſiez aucun
reproche, que vous ne l'ayez écoutée.

R I C H A R D.

Oui, oui, je le promets. Ah ! la voilà ! Quoi,
perfide Jenny ! . . . .

S C E N E   V I I.

RICHARD, BETSY, JENNY.

J E N N Y.

RIchard, eſt-ce là ta promeſſe ! Ecoute-moi. . . .
Que j'ai de joie de te revoir !

R I C H A R D.

(*Bruſquement.*) (*Enſuite tendrement.*)
De joie ! De joie ! Puis-je la partager ?

J E N N Y.

Oui, ta mere eſt ſûre de mon innocence.

B E T S Y.

Oui, mon frere, ma mere l'a embraſſée.

R I C H A R D,

Lâiſſe-nous, ma petite Betſy.

SCENE VIII.

RICHARD, JENNY.

JENNY.

J'Ai conduit mon troupeau le long des murs du château du Milord.....

RICHARD.

Ce matin, entre fept & huit?

JENNY.

Oui.

RICHARD.

Vous avez paffé le long de la fauffaye?

JENNY.

Oui.

RICHARD.

Vous avez traverfé le grand pré?

JENNY.

Oui.

RICHARD.

Vous avez.....Hé! Jenny, que ne me dites-vous tout ce que vous avez fait?

JENNY.

Hé! Richard, tu ne m'en donnes pas le temps. J'ai conduit mon troupeau le long des murs du château du Milord.....

RICHARD.

Oui; & vous avez paffé.....

JENNY.

Tu vas encor répeter la même chose

RICHARD.

J'écoute.

JENNY.

Les gens du Milord ont détourné mon troupeau, & l'ont fait entrer dans les cours du Château. Un de ses domestiques est venu me dire à l'oreille : Allez redemander votre troupeau au Milord, sûrement il vous le fera rendre.

RICHARD.

Enfin.

JENNY.

J'y ai été.

RICHARD.

Le trouver ?

JENNY.

Oui.

RICHARD.

Lui-même?

JENNY.

Lui-même. On m'a fait passer dans une grande chambre, ensuite dans une autre, & de-là dans une troisième ; il étoit dans un petit cabinet où on m'a fait entrer, alors j'ai eu peur.

RICHARD.

Hé ! bien..... vous hésitez Jenny ? Jenny, n'oubliez aucune circonstance, je vous en prie.

JENNY.

ARIETTE.

Le Milord m'offre des richesses;
Le Milord me fait cent promesses,
Sur sa table il met un trésor,
De l'or, de l'or.

Puis il disoit : Jenny, Jenny, belle Jenny,
Je voudrois vous parler.
Non, Milord, non; sans vous parler,
Je veux m'en aller, je veux m'en aller.

Vous en aller ? Je pleure. Il se rit de mes larmes.
La petite en a plus de charmes.
Puis il se met à mes genoux.
Ah ! Milord, Milord, levez-vous !

Enfin il m'offre des richesses,
Il me fait encor cent promesses;
Il me montre encore ce trésor,
De l'or, de l'or.

Puis il reprit : Jenny, Jenny, belle Jenny,
Ne peut-on vous parler ?
Mais enfin, las de supplier,
N'y venez pas ? Je vais crier.
Non, Milord, non; sans vous parler,
Je veux m'en aller, je veux m'en aller.

RICHARD.

Quoi ! Ces prières, ces menaces, ces caresses,
quoi ! ces promesses, ces richesses.....

JENNY.

Ah! Richard, Richard! peux-tu le penser?

ARIETTE.

Ce que je dis est la vérité même;
Tous les tréfors de l'Univers
N'ont de valeur que par l'objet qu'on aime,
Que par la main dont ils nous font offerts.

Un bouquet qu'unit un brin d'herbe,
Donné par toi, toucheroit plus mon cœur.
Il feroit un don plus fuperbe,
Il feroit plus mon bonheur.

Ce que je dis est la vérité même;
Tous les tréfors de l'Univers
N'ont de valeur que par l'objet qu'on aime,
Que par la main dont ils nous font offerts.

RICHARD.

Ah! Jenny; je n'ai pas de peine à te croire.

SCENE IX.

JENNY, BETSY, RICHARD.

BETSY.

AH! mon frere, fi vous ne venez pas, il va
pleuvoir comme tout.

RICHARD.

Vas devant, nous te fuivons. Hé bien, Jenny!

SCENE X.

JENNY, RICHARD, & BETSY *qui fait un Bouquet dans le fond du Théâtre, ne reparoît sur le devant qu'à la fin de la Scène.*

JENNY.

ENfin, il est entré un Domestique qui a dit au Milord que le Roi chaffoit dans les environs: il est sur le champ monté à cheval, m'a menacé de fon retour, m'a remis entre les mains d'une femme: d'une femme!.....ah! grands Dieux, il faut que les gens de condition foient bien riches pour payer de pareils fervices. Quels propos ne m'a-t-elle pas tenus!

RICHARD.

Elle!

JENNY.

Oui.

RICHARD.

Oh ciel!

JENNY.

Elle m'a enfermée dans un cabinet. A l'aide d'un rideau que j'ai détaché, je fuis defcendue dans les foffés du château, je me fuis fauvée chez toi; & ta mere nous y attend.

RICHARD.

Voilà ce que c'eft auffi, Jenny; pourquoi re-
culer

culer notre mariage ? Si tu avois été ma femme,
cela ne te feroit pas arrivé.

JENNY.

Mais, Richard, mon troupeau qui eft chez ce
Milord.

RICHARD.

Qu'importe ?

JENNY.

Comment, qu'importe ? c'eft toute ma dot.

RICHARD.

Toi, une dot ! en as-tu befoin ?

JENNY.

Hé ! Richard, fans mon troupeau ta mere ne
confentira jamais à notre mariage.

RICHARD.

Je la prierai tant.

JENNY.

Non, c'eft inutile, je veux r'avoir mon troupeau. Le Roi doit chaffer encore demain, j'irai
fur fon paffage, je me jetterai à fes pieds, il m'é-
coutera ; il ne feroit pas Roi, s'il n'étoit pas
jufte.

RICHARD.

Enfin je te revois.

DUO.

JENNY.

Ah ! Richard, ah ! mon cher ami.

RICHARD.

Ah ! Jenny, ma chere Jenny !

JENNY.

Ah ! que j'ai fouffert aujourd'hui !

C

RICHARD.

Ah ! que tu m'as coûté d'allarmes.

JENNY.

Ah ! que j'ai souffert aujourd'hui.

RICHARD.

Ah ! que tu m'as coûté de larmes.

Ensemble.

Jenny.　　Quel plaisir de te voir ici ! ⎱
Richard. Quel plaisir de te voir ici ! ⎰

JENNY.

Mais, Richard, vois-tu ce nuage ?
Entens-tu le bruit de l'orage ?

RICHARD.

Jenny ! qu'importe cet orage ?
Ce nuage n'est qu'un passage.

JENNY.

Je pleurois…. Songe à mon effroi !

RICHARD.

Je souffrois ; j'étois hors de moi.

JENNY.

Il croit que je manque de foi.

RICHARD.

Pardonne un soupçon qui t'offense.

JENNY.

Il croit que je manque de foi.

RICHARD.

Je ne respirois que vengeance.

Ensemble.

Jenny.　　Quel malheur nous avoit surpris ! ⎱
Richard. Quel bonheur nous a réunis ! ⎰

JENNY.
Ces chênes battus par le vent
Semblent tomber à chaque inftant.

RICHARD.
Aujourd'hui Richard furieux
Etoit bien plus agité qu'eux.

JENNY.
Et moi donc, je joignois les mains.

RICHARD.
Quels étoient nos cruels deftins !

JENNY.
Je difois : Quels font fes chagrins

RICHARD.
De moi je n'étois plus le maître.

JENNY.
Je difois : Quels font fes chagrins !

RICHARD.
Oui, j'aurois été chez le traître

Enfemble.

Rich. Me venger, te voir & mourir. }
Jenny. Je te vois, pour moi quel plaifir ! }

JENNY
Entens-tu les chiens, les chaffeurs,
Les abois, les cris, les clameurs?

RICHARD.
J'entends le galop des chevaux,
Le bruit des cors, & les échos.

JENNY.
Sans toi je crois que j'aurois peur:
Ce bruit donne quelque terreur.

RICHARD.
C'eft le fon qui du haut des monts
Répond jufqu'au fond des vallons.

JENNY.

Richard, la chasse se disperse ;
Le bruit des cors, ah ! comme il perce.

RICHARD.

J'entends ; la chasse se disperse,
Le bruit des cors ; rien comme il perce.

JENNY.

Mais, Richard, l'orage s'approche.

RICHARD.

Nous nous mettrons sous cette roche.

Ensemble.

Jenny.   Ah ! Richard, ah ! mon cher ami !
           Quel plaisir de te voir ici !
Richard. Ah ! Jenny, ma chere Jenny !
           Quel plaisir de te voir ici !
Betsy.   Hé ! vîte, cherchons un abri.

(*Betsy vient les rejoindre. Richard veut prendre
son chapeau, Betsy le lui donne, & l'em-
brasse ; Richard veut embrasser Jenny qui
le repousse ; Betsy prend le fusil de son
frere ; ils sortent de la Scène ; cependant la
musique exprime le bruit de l'orage indiqué
dans le Duo, ce qui fait l'entre-acte.*)

Fin du premier Acte.

ACTE II.

SCENE PREMIERE.

(Il est supposé qu'il a été tiré un coup de fusil dans la forêt ; à l'instant même entrent Rustaut & Charlot : ils marchent en tatonnant avec leur fusil & en état de défense ; ils se joignent, ils se saisissent , & se disent tous deux en se prenant au collet :)

RUSTAUT, CHARLOT.

DUO.

RUSTAUT.

Tu résistes , tu te défends ?

CHARLOT

A l'instant, si tu ne te rends. , . . .

RUSTAUT.

On a tiré, c'est toi, c'est toi.

CHARLOT,

On a tiré, c'est toi, c'est toi.

Ensemble.

Rustaut. Oui toi, toi, moi. }
Charlot. Oui toi, toi, moi. }

RUSTAUT.

Hé! mais c'est toi, Charlot?

CHARLOT.

Hé! mais c'est toi, Rustaut?

RUSTAUT.

On n'y voit pas, on n'y voit goûte.

CHARLOT.

Tâchons de reprendre la route.

RUSTAUT.

On a tiré; ce n'est pas toi?

CHARLOT.

Ce n'est pas moi; ce n'est pas toi?

Ensemble.

Rustaut. Le drole n'est pas loin d'ici. }
Charlot. Le drole n'est pas loin d'ici. }

RUSTAUT.

Sçais-tu bien qu'on dit que le Roi
S'est égaré dans ce bois-ci?

CHARLOT.

Tant pis. Sçais-tu bien que l'on dit
Que Richard a trouvé Jenny ?

RUSTAUT.

Tant mieux. Tiens, prenons par ici.

CHARLOT.

Tiens, Ruſtaut, prenons par ici.

SCENE II.

LE ROI, *l'épée à la main, elle eſt dans le fourreau. (Il eſt en botines.)*

ARIETTE.

JE me ſuis égaré ſans doute ?
Quelle nuit ! quelle obſcurité !
Perſonne en ce bois écarté
Ne peut m'enſeigner une route ?
Quelle nuit ! quelle obſcurité !

Hélas ! dans cette inquiétude
Que me ſervent la Royauté,
Et le Trône & la Majeſté ?
La Majeſté.
Je me meurs de fatigue en cette extrémité,
Et je tombe de laſſitude.

Arrêtons un inftant... recueillons mes efprits...
Où vais-je ?... où fuis-je ?... rien n'annonce
Par où je puis fortir de la peine où je fuis :
    Plus je marche, & plus je m'enfonce
    Dans l'épaiffeur de ces taillis.

    Encor , fi je voyois quelque foible lumiere
Qui m'indiquât le plus humble réduit
    Où je puiffe paffer la nuit ?

    Moi Souverain de l'Angleterre ,
Moi qui de mes Palais ai furchargé la terre,
Aurois-je jamais cru que je ferois réduit
    A defirer une chaumiere ,
    A defirer le plus humble réduit ?

A I R.

Dans les combats le bruit des armes,
Le canon, la fureur, les cris des combattans,
Loin de m'infpirer des alarmes,
Portent la flamme dans mes fens.

    Et ce trifte & profond filence,
    La vafte horreur de ces forêts
    Semblent m'accufer d'imprudence,
    Et de mon cœur troubler la paix.

    Dans les combats le bruit des armes,
Le canon, la fureur, les cris des combattans,
Loin de m'infpirer des alarmes,
Portent la flamme dans mes fens.

SCENE

SCENE III.
LE ROI, RICHARD.

RICHARD.

J'AI entendu quelqu'un.

LE ROI.

J'entens parler.

RICHARD.

Qui va là ?

LE ROI.

Moi.

RICHARD.

Qui vous ?

LE ROI *fiérement.*

Moi, vous dis-je.

RICHARD.

Qui moi, moi ? Vous ne vous appellez pas Moi peut-être ? D'où venez-vous ? où allez-vous ? qui êtes-vous ?

LE ROI.

Je vous assure que voilà des questions aus-quelles je ne suis pas fait. Qui êtes-vous vous-même ?

D

RICHARD.

Comment, qui je fuis ? c'eft moi qui vous in-
terroge.

LE ROI.

Répondez-moi. Qui êtes-vous ?

RICHARD.

Apprenez que je fuis Infpecteur des Gardes de
la forêt, & que c'eft de l'autorité du Roi.

LE ROI.

Je dois la refpecter. Hé bien ! je vous dirai
l'ami . . . .

RICHARD.

Oh ! l'ami , l'ami ; je ne veux point d'ami que je
ne le connoiffe ; c'eft comme ce Milord Lurewel.

LE ROI.

Répondez-moi. Vous êtes Infpecteur des Gardes de la forêt ?

RICHARD.

Oui.

LE ROI.

Et moi je fuis . . . . de la fuite du Roi.

RICHARD.

Je m'en fuis douté à votre mot d'ami . . . . ces
courtifans . . . . ce n'eft pas que je fois fâché ; mais
fi vous êtes de la fuite du Roi , où eft votre
cheval ?

LE ROI.

Je l'ai laiſſé mort à quelques pas d'ici.

RICHARD.

Cela pourroit bien être ; j'en ai trouvé un ici près. Vous êtes en botte ; & que tenez-vous-là ?

LE ROI.

C'eſt mon épée ſur laquelle je ſuis tombé , & qui me paroît fauſſée.

RICHARD.

Hé ! où comptez-vous aller comme cela ?

LE ROI.

Mais ! je vous prierai de me conduire à Chéroud.

RICHARD.

Moi ! cette nuit , du temps qu'il a fait , à trois grandes mortelles lieues dans les ſables , aux riſques de nous caſſer le cou le long des roches de Viray ! Tenez, je vous crois honnête homme malgré votre mot d'ami.

LE ROI.

Vous me faites bien de la grace.

RICHARD.

Mais il y a bien des gens à qui ce feroit la faire.... Je ne dis pas cela pour vous. Enfin j'ai ma Ferme à un quart de lieue d'ici ; je n'ai pas mangé de la journée, parce que j'ai eu du chagrin ; vous avez peut-être faim auſſi : acceptez un mauvais ſouper donné de bon cœur. (*Pendant ce temps-là Lurewel & un Lord paſſent dans le fond du Théâtre en tatonnnant ; le Lord crie : Lurewel ?*) J'ai entendu.... non.... Enfin pendant que nous souperons, on vous cherchera un cheval ; & fi vous ne voulez pas attendre le jour, Ruftaut, Ruftaut qui eft un de nos Gardes, vous mettra dans la route.

LE ROY.

Vous ne me conduiriez donc pas vous-même ?

RICHARD.

Oh ! quand ce feroit le Roi, je ne le pourrois pas.

LE ROI.

En ce cas je n'ai rien à dire.

RICHARD.

La raifon eft bien fimple. Il y a un tas de coquins qui rodent pour tuer des biches, je ne peux pas quitter mon pofte ; & Jenny m'attend.

LE ROI.

Et comment vous appellez-vous ?

RICHARD.

Richard, pour vous fervir.

LE ROI.

Hé bien ! Monfieur Richard ....

RICHARD.

Oh ! point de Monfieur.

LE ROI.

Hé bien ! Richard, j'accepte votre fouper avec plaifir.

RICHARD.

Bon cela. Prenons par ici. Tenez, voilà mon
bâton, il vous aidera à marcher dans les fables;
donnez-moi votre épée qui peut vous faire tomber.

LE ROI, *à part.*

Allons donc fous la conduite de mon Conne-
table.

RICHARD.

Sçavez-vous si le Roi chassera encore demain ?

LE ROI.

Non certainement.

RICHARD,

Tant pis.

LE ROI.

Pourquoi ?

SCENE IV.

LUREWEL, UN COURTISAN.

LE COURTISAN.

Lurewel, Lurewel, où es-tu ?

LUREWEL.

Me voilà.

LE COURTISAN.

Donne-moi la main, & ne nous quittons
pas.

LUREWEL.

Ma foi, mon cher ami, tu es l'homme de la Cour avec lequel j'aime le mieux être égaré, puisqu'il falloit l'être.

LE COURTISAN.

Vraiment.

LUREWEL.

Ah! d'honneur.... Diable soit de la racine, je me suis estropié. Ma foi, arrêtons ici un instant,

LE COURTISAN.

Je suis excedé.

LUREWEL.

Voilà une sotte chasse.

LE COURTISAN.

Aussi le Roi l'a voulu.

LUREWEL.

Le Roi est certainement aussi embarrassé que nous.

LE COURTISAN.

Moi, qui comptais jouer ce soir.

LUREWEL,

Et moi, la plus jolie petite fille du monde, la charmante Jenny !.... Tu ne connois pas cela ?

LE COURTISAN.

D'où veux-tu que je la connoisse ?

LUREWEL.

Je l'ai fait enlever.

LE COURTISAN.

Enlever !

LUREWEL.

Oui, c'est le plus court. Elle fait la sotte, mais je l'ai laissée en de bonnes mains.

LE COURTISAN *tousse.*

Hum.

LUREWEL.

Hum. As-tu entendu ?

LE COURTISAN.

Quoi !

LUREWEL.

Quelqu'un.

LE COURTISAN.

C'est comme la voix du Roi ?

LUREWEL.

Je croirois qu'oui.

LE COURTISAN..

Oui.

DUO.

LUREWEL.	LE COURTISAN.
Ah ! grands Dieux ! n'est-ce pas le Roi ?	Ah ciel ! Ah si c'étoit le Roi !
Je tremble pour Sa Majesté ;	Le Roi pourroit s'être écarté.
Errer dans cette obscurité.	Errer dans cette obscurité.
Ce n'est que pour le Roi	Ce n'est que pour le Roi
Que j'ai de l'effroi.	Que j'ai de l'effroi.
Chut.	Chut.
Mais non, tout est en paix.	Mais non, tout est en paix.
Mais non, tout est en paix.	Mais non, tout est en paix ;
Ce n'est personne, je me trompais,	Ce n'est personne, je me trompais,
Tout est en paix.	Tout est en paix.

LUREWEL.

Cette petite fille fait des façons.

LE COURTISAN.

Avec toi?

LUREWEL.

Ah ! elle n'eſt chez moi que de ce matin ; & je ſçais qu'elle aime un certain Richard....

LE COURTISAN.

'Ah ! ſi elle a le cœur prévenu....

LUREWEL.

Prévenu ! ah ah, prévenu eſt admirable au poſ= ſible ! Ne ſuis-je pas le maître de ce que j'ai ſous la clef ; & enfin.... lorſque.... de certaines.... circonſtances..... & je crois que....

LE COURTISAN.

Je ne connois pas de mortel plus heureux que toi ; tu as des bonnes fortunes charmantes.

LUREWEL.

Tien, mon cher ami.

ARIETTE.

Un fin chaſſeur qui ſuit à pas de loup
La perdrix qui trotte & ſautille,
Un fin chaſſeur à l'inſtant qu'il dit : Pille ;
N'eſt jamais ſi ſûr de ſon coup,
Que moi quand je guette une fille
Gentille.

Si

Si mon ardeur
A fa pudeur
Donne des aîles,
Tant mieux,
Je la fuis des yeux.

Toutes les Belles
N'ont que le premier vol devant moi.
Où je les trouve,
Leur cœur éprouve
Que je doi
Leur donner la loi.

Un fin chaffeur, &c.

LE COURTISAN.

Oh! pour ce coup-ci, j'entens du bruit.

LUREWEL.

Et moi auffi.

LE COURTISAN.

Il ne nous manque que des voleurs. Serois-tu brave?

LUREWEL.

Sans doute. Paix. Ecoute.

E

SCENE

RUSTAUT, CHARLOT,

QUATUOR.

RUSTAUT.	CHARLOT.
Avance, fuis-moi, Charlot,	Oui , je te fuis ,
Mets tes armes en état.	C'eft en état.
Sont-elles en état ?	
Prends garde à toi.	
Avance un pas après moi ,	Vas, je te fuis ;
Et fur-tout prends garde à	Je fuis à toi.
toi ,	
Oui , prends garde à toi :	
Allons tout en enfonçant ,	Moi le premier
Et contre eux en appuyant ,	Par ce fentier.
Ferme en appuyant ;	
Suis-moi, fuis-moi.	En les ferrant.
S'ils coupent par ce fentier ,	
Avance-toi le premier ;	
Oui toi le premier	
Par ce fentier.	Nous les tenons.
Nous les prenons.	
Nous les tenons.	
	Alte-là, &c,
Alte-là , refte-là , qui va	
là ?	
Il faut, il faut nous con-	
tenter ;	
Craignez les coups ,	
Ou fuivez-nous.	Ou fuivez-nous.

CINQUIEME.

LE COURTISAN, LUREWEL.

QUATUOR.

LE COURTISAN.	LUREWEL.
Oui , je crois , j'entends du bruit ; Au diable foit de la nuit , J'entends du bruit. Ici reftons un moment , J'entrevois un mouvement Certainement. Les vois-tu ? Moi je les voi ; Ils font armés , je les voi ; Défendons-nous,	J'entens du bruit , Oui c'eft du bruit. Un mouvement Certainement. Tiens, je les vois, . Défendons-nous.
Ils femblent venir à moi ; Ils font à nous. Avançons , Marchons, marchons.	Marchons , marchons ; Allons , frappons.
Alte-là , refte là , qui va là ? Parlez, parlez fans infifter ; Que faut-il pour vous con- tenter? Craignez les coups, Ou laiffez-nous.	Alte-là , &c. Ou laiffez-nous.

Fin du fecond Acte.

E ij

ACTE III.

SCENE PREMIERE.

Le Théâtre repréſente l'intérieur d'une Ferme ; un petit eſcalier dans le fond; une porte dans le haut, ouvrante & fermante ; une autre ſur un des côtés du Théâtre ouvrante & fermante, & laiſ-ſant voir l'intérieur d'une chambre.

LA MERE *de Richard*, BETSY, JENNY.

LA MERE *dans la couliſſe.*

BEtſy ?

BETSY *du haut de l'eſcalier dans le fond du théâtre, & fermant la porte de la chambre d'où elle ſort.*

Plaît-il ma mere ?

LA MERE.

On frappe.

BETSY.

On y va.

(Betsy y va. La mere entre sur le théâtre par cette porte qui est sur un des côtés ; elle entre avec Jenny.)

LA MERE.

Hé bien ! qui est-ce ?

BETSY

Personne.

LA MERE.

Vous voyez-bien, Jenny ..... Betsy, venez ici ; qu'est-ce que vous faites là-haut ? Donnez-moi mon rouët...... Vous voyez bien, Jenny, qu'il faut se méfier de tout le monde.

JENNY.

Oui, ma tante.

LA MERE.

Betsy, voulez-vous prendre votre devidoir ? Jenny, je vous ai élevée comme ma fille ; & vous allez l'être, puisque vous allez épouser Richard.

(Pendant ce temps, Betsy va chercher le rouët, approche des chaises, prend son devidoir, & trémousse.)

JENNY.

Il revient bien tard ce soir.

LA MERE.

C'est vrai, cela m'inquiète..... Mais comment pourra-t-on r'avoir votre troupeau de d'chez ce Milord ?

JENNY.

Les chemins doivent être bien mauvais de cet orage-ci?

LA MERE.

Cela pourroit retarder votre mariage.

JENNY.

Sçavez-vous s'il a emporté sa lanterne?

LA MERE.

Betſy, ſçavez-vous ſi votre frere a emporté ſa lanterne?

BETSY.

Non, ma mere.

JENNY.

Il n'en fait jamais d'autre.

LA MERE.

C'eſt tout votre bien que ce troupeau.

JENNY.

C'eſt vrai.

BETSY *s'aſſied, travaille & chante.*

(Betſy eſt à l'ouvrage; cependant la mere s'aſſied, prend ſon rouët; Jenny coud une piéce de ſon trouſſeau, ou fait de la dentelle : elle s'aſſied en face de la porte par où Richard doit venir, elle y regarde toutes les fois qu'elle leve la tête, & ſoupire. Betſy bouſille, s'amuſe avec ſon tablier, & ſe remet à l'ouvrage lorſque ſa mere la regarde. La mere mouille ſon chanvre, le tire avec ſes dents aux repriſes de l'air.)

* TRIO.

BETSY.

Lorſque j'ai mon tablier blanc,
Et mes ſouliers d'un verd galant,
Un bouquet dans ma collerette,
    Gay, tourlourette ;
Le petit Colas ſuit mes pas,
Et puis nous allons tout là bas
Jouer à la cligne-muſette
    Sous la coudrette.

JENNY.

Quand la Bergere attend l'Amant,
L'Amant qui cauſe ſon tourment ;
Rêveuſe, attentive ; inquiéte,
    Sans ceſſe elle le guette.

Mais ſitôt qu'elle entend ſes pas,
Elle eſt contente, & ne dit pas,
Et ne dit pas ce qu'en cachette
    Son petit cœur ſouhaitte.

LA MERE.

Hélas ! hélas ! que je me vois trompée ?
Mais le méchant tira ſa claire épée,
Et lui donna deux grands coups dans les flancs.
Prenez pitié de mes pauvres enfans.

---

* *Ces trois Airs chantés ſéparément, ſe joignent, & forment un Trio.*

JENNY.

JENNY.

Ah , le voilà !

> (*Elle apperçoit Richard , jette son*
> *ouvrage par terre , court à lui ,*
> *revient honteuse , & dit :*

Il est avec un Monsieur.

BETSY *qui s'est levée presque en même*
temps que Jenny.

Ah ! ma mere , un Monsieur !

> (*La mere se leve ensuite , Jenny ra-*
> *masse son ouvrage , range sa chaise,*
> *& Betsy aussi.*)

SCENE II.

LE ROY, RICHARD, BETSY, JENNY, LA MERE.

RICHARD.

Bon soir ma mere, bon soir Jenny.

JENNY.

Vous avez bien tardé, Richard ?

LA MERE.

J'ai cru que tu ne viendrois pas.

RICHARD.

J'ai battu le Bois ; j'ai trouvé Monsieur. Allons,
ma mere, vîte le couvert. Donne un siége, toi.

F

Du jambon, une falade, tout ce que nous avons; vous ne ferez pas grande chere; commençons par boire un coup. Tiens, Betfy, porte cela, (*Il lui donne fes piftolets,*) & va tout de fuite à la cave, & ne te caffe pas le cou comme hier. Voulez-vous que je vous tire vos bottes ?

SCENE III.

LE ROY, RICHARD, JENNY.

LE ROY.

NOn, je vais remonter à cheval.

RICHARD.

Ah ! c'eft vrai. A propos, Ruftaut n'eft pas revenu ?

JENNY.

Non.

RICHARD.

Quoi te voilà ! Monfieur, voilà ma future que je vous préfente.

LE ROY.

Elle eft gentille.

RICHARD.

Ah ! Monfieur, que nous avons eu de chagrin ; ce méchant Milord.... Vous le connoiffez, dites-vous ?

LE ROY.

Oui, il étoit de ma suite ; nous étions ensemble.

RICHARD.

Et vous nous faites espérer que ce troupeau....

LE ROY.

Oui, je ......Je ferai ensorte qu'on vous
rende justice.

RICHARD.

Ah ! c'est bon, voilà de la biére ; vîte des verres.
Ah ! j'ai là bas une vieille bouteille de vin, mais
c'est pour après celle-ci.

SCENE IV.

RICHARD, LE ROY, JENNY, LA MERE.

LA MERE.

ARIETTE.

MOnsieur, Monsieur,
Sauf vot' respect, faites-nous l'honneur ;
Voilà q'c'est prêt,
C'est sans apprêt.
Si l'on étoit...mais l'on n'est pas.. .
Nous n'avons pas
Un bon repas ;
Dame, on n'est pas,

E ij

Monfieur, Monfieur ;
Sauf vot' refpect, faites-nous l'honneur ;
Voilà q'c'eft prêt,
C'eft fans apprêt.

RICHARD.

Hé ! ma mere , avec vos compliments....

LA MERE.

Hé ! mon fils , pour qui ce Monfieur nous prendroit il ?

RICHARD.

Allons, Monfieur, paffons là-dedans; donnez-moi le bras , que vous ne tombiez. Ma mere , vous ne venez pas ?

LA MERE.

Nous avons foupé.

RICHARD.

Et vous , Jenny ?

JENNY.

Je fouperai après.

SCENE V.
BETSY, JENNY, LA MERE.
BETSY.

AH ! ma mere, qu'il a de belles manchettes !
Je l'aime bien ce Monfieur là.

TRIO.

JENNY.	LA MERE.	BETSY.
Ah ! ma tante , ah ! ma tante ! Ah ! que je ferois contente ! Si mon troupeau, par fon crédit Peut revenir ; Car il l'a dit.	Hé ! oui contente, Hé ! oui ma tan- te. Ah ! fon crédit, Il vous l'a dit. Bon, un Milord eft fi puiffant ; Ces Seigneurs ont tant de crédit.	
	Auffi pourquoi , près du Château, Aller conduire ce troupeau ?	Ce Monfieur rit , Mon frere chante.
Richard le fçait ; Je l'ignorois. Dans ce Château Ils ont fait entrer mon troupeau.	Sur ce coteau, Près du hameau Le paturage eft bel & beau.	Ils boivent. Mon frere chante.
Moi , j'efpere, moi , j'efpere Qu'il pourra nous satisfaire.	Bon, j'efpere..... J'en défefpere ; On penfe ainfi Que fon ami ;	
Peut - être auffi font-ils amis ? Enfin , pourquoi l'a-t-il promis ?	Difcours de Cours, Nageons tou- jours. Tout prometteur Eft un menteur.	Ce Monfieur rit , Mon frere chante.

(Betfy va de temps en temps regarder à la porte de la chambre où eft le Roi.)

SCENE VI.

JENNY, BETSY, LA MERE, RICHARD.

RICHARD.

Vite, ma mere, allez tenir compagnie à ce Monfieur ; je m'en vais à la cave.

SCENE VII.

RICHARD, JENNY.

RICHARD.

Ma foi c'eſt un honnête homme, ſans moi il ſe ſeroit tué à cette fondriére, je l'ai retenu par ſon habit ; j'en ai encore mal aux bras.

JENNY.

Crois-tu qu'il ait aſſez de crédit . . . . .

RICHARD,

Ma foi, oui, oui.

JENNY.

Mais fi le Milord.....(*Ici Richard fait un mouvement comme pour s'en aller.*) On n'a pas le temps de fe dire un mot.

RICHARD.

C'eft vrai.

JENNY.

Veux-tu que j'aille à la cave ?

RICHARD.

Avec moi ?

JENNY.

Oh ! non.

SCENE VIII.

BETSY, JENNY.

BETSY.

AH ! Jenny ; voyez ce que ce Monfieur vient de me donner !

JENNY.

Comment ! ce font des piéces d'or. Hé ! comment peut-il vous avoir donné tout cela ?

BETSY.

ARIETTE.

Il regardoit
Mon bouquet ;
Sans doute il le defiroit ;
Je l'ai pris
Et je l'ai mis
A fon habit ;
Il rit, il rit, il rit, il rit.
Et de fa grace, voilà
Qu'il me préfente cela.
Je le prend,
Et l'embraffe à l'inftant.
Pan,
Maman
Me détache un bon fouflet
Net,
Et j'eus fur le bec
Un bon coup fec.
Pourquoi frapper cet enfant,
Dit ce Monfieur, en grondant ?
Ce baifer
Pouvoit-il jamais m'offenfer ?
Comme j'étois là pleurante *
Il tire encor de l'argent,
En difant :
Approchez, bel enfant,
Tenez, prenez ;
J'approche, & je le prends
Pour faire endéver maman.

---

* *Je me fuis permis cette rime, parce que l'air fait rimer à l'oreille.*

JENNY.

JENNY.

Pour faire endéver votre maman ! Mais, Betſy, c'eſt fort mal.

BETSY.

Pourquoi m'a-t-elle donnée un ſoufflet ? devant ce Monſieur encore.

JENNY.

Hé ! pourquoi embraſſez-vous les hommes ? une grande fille de votre âge, une fille de quatorze ans ! c'eſt honteux : & même vous ne devriez pas embraſſer votre frere comme vous faites.

BETSY.

Jenny, auroit-on des moutons avec cela ?

JENNY.

Oui.

BETSY.

Hé bien ! Jenny, achetez un troupeau, je vous les donne.

(Elle jette les piéces partie dans la main, partie à terre.)

JENNY *les ramaſſant.*

Betſy, Betſy, cette petite folle, elle pourroit bien les perdre.

SCENE IX.

RICHARD, JENNY.
DUO.

JENNY.
Un inſtant,
RICHARD.
Il m'attend.
JENNY.
Un inſtant,
RICHARD.
Il m'attend.

JENNY.	RICHARD.
Ah ! je reviens ;	Je reviens,
Je te vois, ah ! quel bien.	Je te vois, ah ! quel bien.

RICHARD *une bouteille à la main.*
Il ſemble
Que tout ſe raſſemble
Pour nous donner quelque chagrin.
Un inſtant ; depuis de matin
Eſt-il poſſible d'être enſemble ?

JENNY.	RICHARD.
Un moment	Il m'attend ;
Seulement,	Quel tourment !
Un moment	Il m'attend ;
Seulement.	Quel tourment !
Ah ! reviens,	Je reviens,
Je te vois, ah ! quel bien !	Je te vois, ah ! quel bien !

RICHARD.
Un baiſer.
JENNY.
Un baiſer ! Non, vas t'en.
RICHARD.
Un baiſer,
JENNY.
On m'attend.

SCENE X.

LE ROY, RICHARD, JENNY.

LE ROY.

QUoi ! Richard, vous me laiffez feul ? Ah ! je
ne m'étonne pas.

RICHARD.

Je vous demande pardon ; mais quand je fuis
avec elle, j'oublierois l'Univers. Rentrons.

LE ROY.

Non, je refte ici.　　　　(*Il s'affied.*)

RICHARD.

Des verres, des verres. Cette bouteille-là fera
meilleure que l'autre ; c'eft une derniere, mais
je ne penfe guére la boire en meilleure compagnie. (*Richard débouche la bouteille, verfe dans
un verre qui eft fur une affiette que tient Betfy,
qui regarde en l'air, & penfe répandre.*) Allons,
Jenny, il faut boire à la fanté de Monfieur. Vas-
tu répandre, toi ? laiffe-çà là.

JENNY.

Vous fçavez que je ne bois pas de vin.

RICHARD.

Il y a bien d'autre chofe à quoi il faut s'habi-
tuer. Etes-vous toujours obligé d'être à la Cour ?

LE ROY.

Oui.

RICHARD.

Toujours, toujours ?

LE ROI.

Oui, toujours.

RICHARD.

Toujours : mais vous devez vous ennuyer !

LE ROI.

Pourquoi ?

RICHARD.

Ma foi, que fçais-je ? C'eft qu'on s'ennuye aifément de ce qu'on eft obligé de faire. Il eft vrai qu'on dit que le Roi eft bon, & qu'il y a du plaifir à le fervir.

LE ROI.

Oui certainement il eft bon.

RICHARD.

Buvons à fa fanté.

(Richard choque avec le Roi , & fait un petit clin d'œil à Jenny.)

LE ROY.

Ah ! je le veux bien. A la fanté du Roi.

JENNY.

Holà donc. A votre fanté, Monfieur.

LE ROI.

Je vous remercie.

RICHARD *en repouffant fon verre.*

Je ne conçois pas moi comment un Roi peu être bon.

LE ROI.

Pourquoi donc ?

RICHARD.

C'eft qu'il y a des gens qui ont quelquefois intérêt qu'il ne le foit pas.

LE ROI.

Votre réflexion.... m'étonne. Mais à la Cour il y a d'honnêtes gens ....

RICHARD.

Vous, par exemple ; mais il y a auffi des Milords Lurewel. Sçavez-vous, Monfieur, que pour connoître la vérité, il faut aller au-devant d'elle, & qu'un Roi ne peut guére faire le premier pas ?

LE ROI.

Soyez perfuadé, Richard, qu'un Roi qui fçait aimer, a des amis fidéles, & des Miniftres fûrs.

RICHARD.

Cela doit être. Mais. . . . . .

LE ROI.

Mais, Richard, vous me furprenez toujours ; qui peut vous en avoir tant appris ?

RICHARD.

Vraiement, c'eft une de vos idées à la Cour de croire qu'on ne penfe que là ; & je parie que c'eft la vôtre.

LE ROI.

Vous n'avez pas deffein de me flatter.

RICHARD.

Moi, Monfieur ! je ne flatte que ceux que je méprife.

LE ROI.

Il feroit bien terrible.... Je ferois bien fâché, Richard, que tout le monde penfât comme vous.

RICHARD.

Hé ' pourquoi donc, Monfieur ?

LE ROI.

Mais vous n'avez pas répondu à ma queftion ; qui peut vous en avoir tant appris ?

RICHARD.

Ma foi j'ai un peu couru, j'ai vû. Tenez, nous parlions d'un Roi ; j'ai vû ce qu'un Roi n'eft pas toujours à portée de voir.

LE ROI.

Quoi ?

RICHARD.

Des hommes.

SCENE XI.

LE ROI, RICHARD, JENNY, BETSY, LA MERE.

LA MERE.

BUvez-vous encore ?

RICHARD.

Ah ! ma mere, laiſſez tout ça.

LA MERE.

Parle-lui donc encore de ce troupeau.

LE ROY *à Jenny.*

Comment vous appellez-vous ?

JENNY.

Jenny, Monſieur.

LE ROI.

Hé bien ! Jenny, êtes-vous contente de vous
marier ?

JENNY.

Oui, Monſieur ; mais vous pourriez ajoûter
quelque choſe à notre contentement.

LE ROI.

Dites ; ſi je le puis, je le ferai.

JENNY.

Ce ſeroit de venir à notre noce.

RICHARD.

Parbleu elle a raifon ; faites-nous ce plaifir là , ça nous confolera de ce troupeau : car ce Milord eft trop puiffant.

LE ROI.

Mais, belle Jenny, pouvez-vous efpérer de vivre heureufe dans un lieu auffi fauvage que celui-ci me le paroît ?

JENNY.

Avec Richard, Monfieur ?

LE ROI.

N'aimeriez-vous pas mieux être à Londres, dans une grande Ville , j'entends avec lui ?

LA MERÉ.

Ah, Monfieur ! lorfque feu mon pauvre homme vivoit....

RICHARD.

Hé, ma mere ! laiffez-la parler.

LA MERE à *Betfy.*

Où avez-vous mis l'argent que ce Monfieur vous a donné ?

JENNY.

Je crois, Monfieur., que pour vivre heureux , le bruit de la Ville eft moins propre que le calme de la Campagne.

RICHARD.

Jenny, chantez à Monfieur cette chanfon.... ah ! c'eft qu'elle chante !.... Vous allez l'entendre.

JENNY.

Laquelle ?

RICHARD.

RICHARD.

Cette chanfon fur le Bonheur.

JENNY.

Ah !

LE ROI.

Hé ! votre Garde . . . .

RICHARD.

Il ne peut pas tarder.

LA MERE.

Tu me payeras ça. Va, je le dirai à ton frere.

SCENE XII.

LE ROI, JENNY, RICHARD.

RICHARD.

ALlons , Jenny, chantez, ne foyez pas hon-
teufe.

JENNY *prélude l'air qu'elle veut chanter.*

RICHARD.

Ce n'eft pas celle-là.

JENNY.

Laquelle donc ?

RICHARD.

Ah ! dites toujours ; vous aimez celle-là.

* H

JENNY.

ROMANCE.

Que le soleil dans la plaine
Brûle troupeaux & Bergers,
Qu'une tempête soudaine
Vienne inonder nos vergers ;
Près de l'objet qui nous enchaîne,
Et qui nous lie à son desir,
Rien n'est peine,
Tout est plaisir.

Que le cours de la semaine
Nous ravisse le repos,
Qu'une saison incertaine
Augmente encor nos travaux ;

Près de l'objet, &c.

Que la brûlante jeunesse
Enflamme, & trouble nos sens ;
Que la tremblante vieillesse
Rende nos pas languissans ;

Près de l'objet, &c.

LE ROI.

Fort bien, Jenny.

RICHARD.

Ce n'est pas celle-là que je voulois dire, c'est
celle sur le Bonheur.

JENNY

Hé bien ! dites ; vous la sçavez.

RICHARD.

Soit.

ARIETTE.

Ce n'eſt qu'ici,
Oui,
Ce n'eſt qu'au Village
Que le bonheur a fixé ſon ſéjour.
Loin de la Ville, loin de la Cour,
C'eſt à l'ombrage
D'un verd feuillage
Qu'on trouve enſemble & la paix & l'amour.

Lorſque le Ciel lance ſes traits
Sur nos têtes profanes,
Sa foudre frappe les Palais,
Elle reſpecte les Cabanes.

Ce n'eſt qu'ici,
Oui,
Ce n'eſt qu'au Village
Que le bonheur a fixé ſon ſéjour.

LE ROI.

Richard, votre chanſon eſt fort bien ; mais elle n'eſt pas tout-à-fait juſte.

RICHARD.

En quoi donc ?

LE ROI.

Le tonnerre ne tombe ſur les Palais, que parce qu'ils ſont plus élevés que les Cabanes.

RICHARD.

C'eſt vrai, mais ce n'eſt pas moi qui ai fait la chanſon; n'importe, le bonheur n'en eſt pas moins ici. Mais vous, Monſieur, faites-nous le plaiſir de nous chanter quelque choſe ſur le bonheur de la Cour.

LE ROI.

J'entends ſouvent chanter, mais je ne chante point.

JENNY.

Ah! Monſieur, quelques chanſons de la Cour.

LE ROI.

Je vous aſſure qu'on ne m'a jamais prié de chanter.

RICHARD.

Hé bien, nous vous en prions.

JENNY.

Ah! Monſieur.

LE ROI.

Je le veux bien, pour la ſingularité du fait.

JENNY.

Ah! écoute, Richard.

LE ROI.

Je vais vous dire un Fragment d'Opéra que j'ai vu repréſenter. Vous ſçavez ce que c'eſt qu'un Opéra?

RICHARD.

Oui, Monſieur; j'y ai été ſouvent, & je l'ai expliqué à Jenny.

LE ROI.

Un jeune Prince deſtiné au Thrône, demande par quel moyen un Roi peut parvenir au plus haut dégré du bonheur ? Voici la réponſe de ſon Gouverneur ?

ARIETTE.

Le bonheur eſt de le répandre,
De le verſer ſur les humains,
De faire éclore de vos mains
Tout ce qu'ils ont droit d'en attendre.

Eſt-il une félicité
Comparable à la volupté
D'un Souverain qui peut ſe dire :
Tout ce que le ciel m'a ſoumis,
Tous les Sujets de mon Empire
Sont mes enfans, ſont mes amis ?

Ah ! quel plaiſir, quel plaiſir de lire
Dans les yeux d'un Peuple attendri
Tout ce qu'inſpire
La préſence d'un Roi chéri !

Le bonheur eſt de le répandre,
De le verſer ſur les humains,
De faire éclore de mes mains
Tout ce qu'ils ont droit d'en attendre.

RICHARD.

Ah ! Monſieur, ſans le reſpect que je me ſens pour vous, que je vous embraſſerois de bon cœur ! Monſieur le Gouverneur de ce Prince-là ne lui vole pas ſes gages.

SCENE XIII.

BETSY *sortie dehors*, *rentre en courant;* & LA MERE *ensuite*, LE ROY, RICHARD, JENNY.

BETSY.

AH! mon frere, voilà Ruſtaut qui améne des voleurs.

SCENE XIV.

LUREWEL, UN COURTISAN, *les Gardes*, LE ROY, (*il eſt aſſis, Richard, la Mere &* Betſy *empêchent qu'on ne le voye.*) RICHARD, BETSY, LA MERE, JENNY.

JENNY.

AH ciel! c'eſt le Milord.

(*Jenny ſe ſauve,* & *ſe cache derrière la porte qu'elle tient à demi-ouverte.*)

LUREWEL.

Ah! c'eſt l'ami Richard....

RICHARD.

Quoi ! c'eſt vous , Milord ?

LUREWEL.

Ah ! tu me fais prendre par tes Gardes ?

RICHARD.

Ils ne ſçavoient pas , Milord....

LUREWEL.

Ils ne ſçavoient pas ? Je t'apprendrai à ſçavoir pour eux.

RICHARD.

Pourquoi, Ruſtaut, avez-vous arrêté Milord ?

RUSTAUT.

Hé ! ſarpejeu , eſt-ce qu'on voyoit clair ? Un coquin & un Milord peuvent ſe reſſembler. Que ne le diſoit-il ? Si-tôt que je leur ons dit que j'étions des Gardes , ils ſe ſont rendus , & n'ont plus voulu répondre.

RICHARD.

Mais , Milord, Jenny que vous avez retenue....

LUREWEL.

Ah Jenny ! Jenny ne ſortira de chez moi qu'à bonnes enſeignes ; il ſied bien à un drole comme toi d'épouſer une jolie fille : & lorſque....

(Le Roi alors ſe leve & paroît , le Courtiſan l'apperçoit.)

LE COURTISAN.

Ah ! voilà le Roi.

LE COURTISAN, LUREWEL, LE ROY;

LE COURTISAN.	LUREWEL.
Ah ! Sire , votre Majefté ,	Ah ! Sire , &c.
Votre perfonne eft en fûreté.	
Ah ! pour nous quelle félicité !	
Ah ! Sire ,	Ah ! Sire ,
Oui , Sire ,	Oui , Sire ,
Voici Milord qui vous dira,	Voici Milord, &c.
Affurera ,	
Qui jurera :	
Qu'ordonne votre Majefté ?	Qu'ordonne , &c.
Mon cœur flatté ,	
Trop enchanté ,	
Se fent flatté	
Nous oublions ce que nos cœurs,	Nous oublions, &c.
Dans ces momens de crainte , d'hor-	
reurs ,	
Ont éprouvé de vives terreur	
Ah! Sire ,	Ah ! Sire ,
Oui , Sire.	Oui , Sire.
Quoi ! difions-nous , dans ces forêts	Quoi ! difions-
Un Roi chéri de fes Sujets,	nous ; &c.
Ah ! quels regrets !	
Au milieu de ces bois épais.	

RICHARD.

RICHARD, *les Gardes*, LA MERE, BETSY,

ENSEMBLE.

LE ROI.	RICHARD.	Les Gardes, LA MERE, & BETSY.
Milord, Milord,	Le Roi ! Le Roi !	
Répondez-moi.	Quoi ! c'est le Roi ?	Le Roi ! Le Roi !
Il me suffit. Répondez-moi, Répondez-moi.	Ah ! Sire, excu-sez-moi, Sire, pardonnez-moi,	Quoi ! c'est le Roi : C'est le Roi ? Quoi ! c'est le Roi.
	C'est le Roi, Quoi ! c'est le Roi ?	
	Le Roi, le Roi ! Quoi ! c'est le Roi ?	Le Roi, le Roi, Voilà le Roi.
Milord, Milord, Répondez-moi.	Ah ! Sire, excu-sez moi : Sire, pardonnez-moi,	C'est le Roi ; Voilà le Roi ; Quoi ! c'est le Roi ?
	C'est le Roi ? Quoi ! c'est le Roi ?	
Paix.		

* 1

LE ROI, *après avoir fait signe à tout le*
monde de se taire.

Milord, que veux dire Richard touchant cette
fille ?

LUREWEL.

Ah ! Sire, cette misére-là ne mérite pas l'atten-
tion de votre Majesté....

RICHARD.

Que ne m'est-il permis....

LE ROI

Paix, Richard. Dites-moi la vérité, Milord.

LUREWEL.

Sire, une petite fille, une infortunée, une or-
pheline de ce canton que ce drole-là....

LE ROI

Songez que vous me parlez.

LUREWEL *un peu dépité.*

Que.... que j'ai prise sous ma protection,
parce que.... parce que Richard vouloit l'épouser malgré elle....

JENNY *sortie de la porte où elle écoutoit.*

Malgré moi ! (*se jettant aux genoux du Roi.*)
Ah ! Sire !

LE ROI.

Hé bien, Milord !

LUREWEL.

Je crois que votre Majesté veut bien me rendre
allez de justice....

LE ROI.

Si je vous la rendois . . . . Sortez de ma préfence.

LUREWEL *au Courtifan.*

Milord, vous fçavez que mon idée....

LE COURTISAN.

Ah ! fi, Milord, c'eſt une action infâme, (& *du côté du Roi*). Sire, c'eſt une action infâme.

LUREWEL *à part.*

Où nous entraîne une premiere injuſtice !

LE ROI *fuit Lurewel des yeux.*

Voilà donc comme les Rois fçavent la vérité.

RICHARD.

Excufez, Sire, fi....

LE ROI.

Richard, donnez-moi mon épée. Avez-vous là des chevaux ?

RUSTAUT.

Oui, Sire, voilà des Chaſſeurs qui arrivent de tous les côtés de la Forêt pour s'informer fi je ne fçavions pas ce qu'vous étiez devenu.

LE ROI.

Richard, recevez-la de ma main; je vous ennoblis.

RICHARD.

Sire, qu'ai-je fait pour mériter cette faveur ?

LE ROI.

Si la nobleſſe eſt faite pour décorer les vertus, c'eſt à la vérité qu'elle doit préférence.

RICHARD.

Je ne dois peut-être cela qu'à mon état, Sire; reprenez votre nobleſſe, & laiſſez-moi ce qui la mérite.

LE ROI.

Ah ! Lurewel, quelle diſtance ! Jenny, vous m'avez prié de votre noce, je la ferai. Richard, je me charge de la dot. Adieu, Madame; adieu, Petite.

━━━━━━━━━━━━━━━━━━━━

SCENE XV.

JENNY, BETSY, LA MERE,

BETSY.

MA mere, c'eſt donc là un Roi?

LA MERE.

Hé ! vraiement oui , petite bête. Mais . . . . mais . . . . mais je n'en reviens pas !

JENNY.

Ah ! ma tante, quel bonheur ! A-t-il dit quand notre noce ſe feroit ?

LA MERE.

Ah ! ſi j'avois ſçu que c'étoit le Roi ! moi qui avois des poulets tout prêts.

(*On entend un prélude de Cors.*)

SCENE XVI. & derniére.

RICHARD, JENNY, BETSY, LA MERE, RUSTAUT, CHARLOT.

RICHARD.

Le Roi est monté à cheval; ah, Jenny!

JENNY.

Ah, Richard!

CHŒUR.

JENNY, RICHARD, BETSY, LA MERE,
& les deux Gardes

Que du ciel la bonté suprême
Accorde au Roi les jours les plus nombreux.
Jenny.   Ah! Richard, je pense de même.
Richard. Ah! Jenny, je pense de même.
Betsy.   Hé bien! moi, je pense de même.
La Mere. Ah! mon fils, je pense de même.
Notre bonheur fait tous ses vœux;
    Il ne voit dans le diadême
Qu'un moyen de nous rendre heureux.
Que du ciel, &c.

VAUDEVILLE.
RUSTAUT.

Ne perdons jamais l'espérance,
L'orage écrase nos Forêts;
Mais l'orage améne la paix,
Et de là ton bonheur commence.
Il ne faut s'étonner de rien,
Il n'est qu'un pas du mal au bien.

CHARLOT.

Ce n'eft, pas affez de la quête ;
Il faut lancer, chaffer, forcer,
Se fatiguer, fe haraffer,
Mais enfin nous prenons la bête ;
Il ne faut s'étonner de rien,
Il n'eft qu'un pas du mal au bien.

LA MERE.

Lorfque j'élevois ton enfance,
Tu m'as donné bien du chagrin,
Tu n'étois qu'un petit coquin,
Mais tu paffes mon efpérance.
Il ne faut, &c.

BETSY.

L'évenement m'a fait connoître
Que j'ai bien placé mon bouquet ;
Pour me payer de mon foufflet,
Le Roi me mariera peut-être.
Il ne faut, &c.

JENNY.

Je fçais que la peine eft extrême,
Même dans un ménage heureux :
Quand on fouffre, on fouffre pour deux ;
Mais avec un Epoux qu'on aime,
Il ne faut, &c.

RICHARD.

Le chagrin imprime fa trace
Sur l'amour & fur la gaîté ;
Aujourd'hui quelle adverfité !....
Viens, ma Jenny, que je t'embraffe.
Il ne faut, &c.

BIBLIOTHEQUE ROYALE

FIN.

PRIVILEGE DU ROY.

LOUIS, par la grace de Dieu, Roi de France & de Navarre, A nos amés & féaux-Conseillers les Gens tenant nos Cours de Parlement, Maîtres des Requêtes ordinaires de notre Hôtel, Grand Conseil, Prévôt de Paris, Baillifs, Sénéchaux, leurs Lieutenans Civils, & autres nos Justiciers qu'il appartiendra, SALUT. Notre amé Claude-Jean-Baptiste HERISSANT fils, Imprimeur & Libraire à Paris, Nous a fait exposer qu'il désireroit faire imprimer & donner au Public des Ouvrages qui ont pour titre : *Le Roi & le Fermier, Pièce de Théâtre ; & autres Ouvrages de M. Sedaine. La Musique de la Pièce intitulée : Le Roi & le Fermier, & autres Oeuvres de Musique de M**** s'il nous plaisoit lui accorder nos Lettres de Privilége pour ce nécessaires. A CES CAUSES, voulant favorablement traiter l'Exposant, Nous lui avons permis & permettons par ces Présentes de faire imprimer lesdits Ouvrages autant de fois que bon lui semblera, & de les vendre, faire vendre & débiter par tout notre Royaume pendant le temps de *six* années consécutives, à compter du jour de la date des Présentes. Faisons défenses à tous Imprimeurs-Libraires, & autres personnes, de quelque qualité & condition qu'elles soient, d'en introduire d'Impression étrangère dans aucun lieu de notre obéissance : comme aussi d'imprimer, ou faire imprimer, vendre, faire vendre, débiter, ni contrefaire lesdits Ouvrages, ni d'en faire aucuns extraits sous quelque prétexte que ce puisse être, sans la permission expresse & par écrit dudit exposant, ou de ceux qui auront droit de lui, à peine de confiscation des Exemplaires contrefaits, & de trois mille livres d'amende contre chacun des contrevenans, dont un tiers à Nous, un tiers à l'Hôtel-Dieu de Paris, & l'autre tiers audit exposant, ou à celui qui aura droit de lui, & de tous dépens, dommages & intérêts : à la charge que cesdites Présentes seront enregistrées tout-au-long sur le Registre de la Communauté des Imprimeurs-Libraires de Paris dans trois mois de la date d'icelles ; que l'impression desdits Ouvrages sera faite dans notre Royaume, & non ailleurs, en bon papier &

beaux caractéres, conformément à la feuille imprimée, attachée pour modéle sous le contre-scel des Présentes; que l'Impétrant se conformera en tout aux Réglemens de la Librairie, & notamment à celui du 10. Avril 1725. Qu'avant que de les exposer en vente, les Manuscrits qui auront servi de copie à l'impression desdits Ouvrages, seront remis dans le même état où l'Approbation y aura été donnée, ès mains de notre très-cher & féal Chevalier Chancelier de France, le Sieur DE LAMOIGNON, & qu'il en sera ensuite remis deux Exemplaires de chacun dans notre Bibliothéque publique, un dans celle de notre Château du Louvre, & un dans celle dudit Sieur DE LAMOIGNON, & un dans celle de notre très-cher & féal Chevalier Garde des Sceaux de France, le Sieur BERRYER; le tout à peine de nullité des Présentes. Du contenu desquelles vous mandons & enjoignons de faire jouir ledit exposant, & ses ayans cause, pleinement & paisiblement, sans souffrir qu'il leur soit fait aucun trouble ou empêchement. Voulons que la Copie des Présentes, qui sera imprimée tout-au-long au commencement ou à la fin desdits Ouvrages, soit tenue pour dûement signifiée, & qu'aux Copies collationnées par l'un de nos amés & féaux Conseillers & Sécretaires foi soit ajoûtée comme à l'Original. Commandons au premier notre Huissier ou Sergent sur ce requis de faire pour l'exécution d'icelles tous actes requis & nécessaires, sans demander autre permission, & nonobstant clameur de Haro, Charte Normande, & Lettres à ce contraires. CAR tel est notre plaisir. Donné à Paris le neuviéme jour du mois de Juin, l'an de grace mil sept cent soixante-deux, & de notre Regne le quarante-septiéme. Par le Roi en son Conseil.

LE BEGUE.

Regiſtré ſur le Regiſtre XV. de la Chambre Royale & Syndicale des Libraires & Imprimeurs de Paris, N°. 698. fol. 324. conformément au Réglement de 1723. A Paris le 27. Août. 1762.

LE BRETON, Syndic.

www.ingramcontent.com/pod-product-compliance
Lightning Source LLC
LaVergne TN
LVHW020951090426
835512LV00009B/1824